LES

TENDANCES NOUVELLES DU DROIT PÉNAL

ET

LE 3ᵉ CONGRÈS D'ANTHROPOLOGIE CRIMINELLE

PAR

E. GAUCKLER

Professeur à la Faculté de droit de Caen.

Extrait de la REVUE CRITIQUE DE LÉGISLATION ET DE JURISPRUDENCE.

PARIS

LIBRAIRIE COTILLON

F. PICHON, SUCCESSEUR, IMPRIMEUR-ÉDITEUR,

Libraire du Conseil d'Etat et de la Société de législation comparée

24, RUE SOUFFLOT, 24.

1892

LES
TENDANCES NOUVELLES DU DROIT PÉNAL

ET

LE 3ᵉ CONGRÈS D'ANTHROPOLOGIE CRIMINELLE

PAR

E. GAUCKLER

Professeur à la Faculté de droit de Caen.

Extrait de la REVUE CRITIQUE DE LÉGISLATION ET DE JURISPRUDENCE.

PARIS

LIBRAIRIE COTILLON

F. PICHON, SUCCESSEUR, IMPRIMEUR-ÉDITEUR,

Libraire du Conseil d'Etat et de la Société de législation comparée

24, RUE SOUFFLOT, 24.

1892

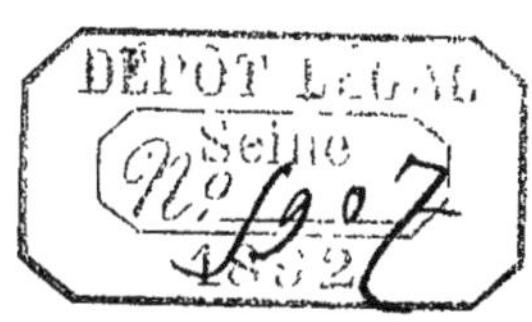

DÉPÔT LÉGAL
Seine
Nº 1907
1892

LES

TENDANCES NOUVELLES DU DROIT PÉNAL

ET

LE 3ᵉ CONGRÈS D'ANTHROPOLOGIE CRIMINELLE
(Bruxelles, août 1892).

Le Congrès de Bruxelles a continué l'œuvre du Congrès de Paris et ses travaux caractérisent à merveille les tendances nouvelles du droit pénal. D'une part, il a consacré l'application de la méthode scientifique, de l'observation et de l'expérimentation, à la détermination des principes fondamentaux du droit pénal; d'autre part, il a répudié plus nettement et plus complétement les exagérations, les conclusions trop exclusivement anthropologiques soutenues par Lombroso, en faisant une plus juste part aux éléments sociaux; enfin, il a donné son approbation à quelques-unes des réformes pratiques que préconise l'école nouvelle. C'est à ce triple point de vue que nous allons successivement nous placer pour étudier les travaux de ce Congrès. C'est assez dire que l'on ne trouvera point ici un compte rendu ni détaillé, ni complet, mais simplement quelques indications qui permettront de définir le mouvement scientifique contemporain.

I.

L'application de la méthode positive, de la méthode scientifique, celle qui procède dans toutes les sciences naturelles par l'observation et l'expérimentation, l'application, dis-je, de cette méthode aux phénomènes de la criminalité est la caractéristique de la révolution qui se produit dans le domaine des sciences pénales. Assurément de graves divergences existent entre les nombreux ouvriers de cette révolution ; il est un point toutefois sur lequel tous sont d'accord, c'est qu'il faut répudier les procédés aprioristiques de l'école traditionnelle, c'est que le droit pénal nouveau doit reposer essentiellement sur l'observation des faits, sur des données objectives et non sur des conceptions qui n'ont d'autre appui qu'une appréciation arbitraire, qu'un sentiment plus ou moins défini de la conscience individuelle. Ce sera l'éternel honneur de Lombroso et de ses disciples d'avoir frayé la route à cette méthode et d'avoir assuré son succès. Non pas que l'illustre professeur de Turin ait été le premier à étudier d'une façon objective l'homme criminel, qu'il ait le premier fait en cette matière l'application de la méthode positive. Il est intéressant de noter qu'avant l'apparition de l'*Uomo delinquente*, M. Benedikt, le savant professeur de neurologie de l'Université de Vienne, avait consacré deux conférences [1] à esquisser l'anthropologie et l'histoire naturelle du crime. Mais M. Benedikt est un pur savant et non pas un apôtre : il a toute la circonspection que donne la pleine conscience des difficultés du problème et des incertitudes de la science. Ses études n'émurent pas la foule parce qu'elles ne contenaient ni affirmations tranchantes, ni conclusions audacieuses. Lombroso n'eut pas cette réserve : esprit hardi, aventureux, exalté, exclusif et systématique, mais travailleur prodigieux, inventeur génial, il fut servi par ses défauts comme par ses qualités et son nom demeurera comme celui d'un grand initiateur. Les conclusions annoncées par lui comme premiers résultats de l'application de la méthode positive étaient bien faites pour émouvoir profondément les criminalistes. Toutes leurs conceptions sur la nature du crime, les facteurs de la criminalité, la fonction du droit pénal et le rôle de la pénalité, tout cela se heurtait à des affirmations étayées sur des documents imposants par leur masse, sinon par leur valeur,

---

[1] Ces deux conférences faites toutes deux en 1875 ont été publiées en 1890, avec une troisième, sous le titre « Drei Vorträge zur Psychophysik der Moral und des Rechtes » — La première édition de l'*Uomo delinquente* est de 1876.

et d'où il semblait résulter que le criminel n'était trop souvent qu'un criminel-né, reconnaissable à un type particulier, et auquel on ne pouvait dès lors appliquer les notions de liberté et de responsabilité, conditions essentielles jusque-là de la répression. — Mais en même temps que l'on démolissait ainsi les théories traditionnelles, on fournissait aux criminalistes une explication de l'insuccès avéré du système répressif pratiqué partout. On démontrait d'une façon évidente qu'un régime rationnel de répression et de correction devait s'appuyer sur l'étude objective du criminel et des facteurs de la criminalité. Et c'est pourquoi, dans la voie ainsi ouverte, s'engagèrent dès lors tous les criminalistes conscients de la gravité croissante du problème criminel et de l'incapacité des vieilles théories à les résoudre, conscients aussi du mouvement philosophique général qui soumet à la méthode positive toutes les sciences sociales. — Ce furent d'abord des compatriotes du maître et, avant tous, Ferri et Garofalo. Mais le mouvement se propagea bien vite à l'étranger. Il y provoqua la fondation d'une association considérable : *l'Union internationale de droit pénal*. Quelles que soient les opinions individuelles des membres de cette association, qui sont aujourd'hui près de 700, quelles que soient leurs divergences, même sur certains des principes inscrits en tête de leurs statuts, il est un de ces principes que tous considèrent comme essentiel parce qu'il est l'expression de l'esprit nouveau qui les inspire, à savoir que la criminalité doit être envisagée comme un *phénomène* social, et que la science pénale comme la législation pénale doivent tenir compte des résultats des études anthropologiques et sociologiques. C'est la consécration expresse de la méthode positive : le crime est un phénomène : ce phénomène est étudié par ces sciences naturelles qui sont l'anthropologie et la sociologie; et c'est aux données de ces sciences positives que le droit pénal doit emprunter ses principes. — Le droit pénal nouveau naîtra donc de la collaboration des juristes avec les anthropologistes et les sociologues. Cette collaboration s'est déjà produite aux Congrès de Rome et de Paris. Mais elle s'est affirmée d'une façon toute particulière au Congrès de Bruxelles. M. le docteur Semal, qui a présidé avec tant de distinction et de gracieuse courtoisie les séances de ce Congrès, l'a dit fort justement dans son discours de clôture [1] ; « les Congrès précédents ont célébré les fiançailles de l'œuvre des médecins et de celle des jurisconsultes : à Bruxelles revient l'honneur d'avoir consacré leur union défini-tive. » Et M. van Hamel [2] a, dans un mot heureux, fait ressortir l'un des bienfaits de cette union, lorsqu'il a demandé que les juristes appellent les médecins non pas alors seulement qu'ils ont des doutes, mais bien pour apprendre à douter. Cette collaboration sur le terrain de la méthode positive ira en s'accentuant encore. Jus-qu'ici les Congrès d'anthropologie criminelle étaient seuls à la manifester. Il n'en sera plus de même dorénavant. L'Union in-ternationale de droit pénal, qui ne compte encore que des ju-ristes, fait appel aujourd'hui aux médecins : elle les a conviés à ses délibérations, par l'organe de M. de Liszt, l'éminent pro-fesseur de droit criminel à l'Université de Halle et l'un des trois membres du Comité de l'Union [3]. C'est là un important résultat du Congrès de Bruxelles : il accentuera encore les tendances nouvelles et le changement de méthode du droit pénal.

C'est sur ce point, sur cette question de méthode que l'école clas-sique et l'école nouvelle, l'école positive, demeurent irrémédiable-ment séparées, quel que soit d'ailleurs l'accord qui puisse se faire quant aux applications pratiques. A cet égard, les débats du Congrès de Bruxelles ont été très nets. Dans la séance du 9 août au matin, deux partisans convaincus de l'école classique, l'un M. l'abbé Maurice de Baets, l'autre M. Nyssens, le successeur de Thonissen dans la chaire de droit criminel de l'Université de Louvain, firent des déclarations concordantes. Tous deux se montrèrent intransi-geants quant au fondement supra-terrestre du droit et de la mo-rale, car tous deux s'inspirent avant tout de la loi morale que leur révèlent la conscience et la religion. Mais cette profession faite de leurs convictions spiritualistes, ils affirmèrent n'être en aucune façon les adversaires de l'anthropologie criminelle : à leurs yeux il n'existe pas de contradictions entre celle-ci et les principes fondamentaux de l'école classique. L'anthropologie criminelle est

[1] Séance du 13 août, soir.
[2] Séance du 9 août, soir.
[3] Séance du 11 août, matin.

une science et l'on reconnaît qu'en tant que science, elle doit, comme toute science, ne reposer que sur l'étude des phénomènes. Le droit pénal, lui, s'inspire avant tout de considérations métaphysiques ; mais il n'en doit pas moins tenir compte des conclusions auxquelles amène ainsi l'étude objective des faits. L'anthropologie criminelle est une science auxiliaire du droit pénal que les juristes classiques peuvent saluer sans mentir à leurs convictions.

Ces déclarations, que M. l'abbé de Baets, particulièrement, fit avec une véritable éloquence, obtinrent du Congrès l'accueil qu'elles méritaient. De nombreux orateurs, mais particulièrement M. Prins, le criminaliste éminent qui préside l'Union internationale de droit pénal, parlant au nom même de cette association [1], se félicitèrent de voir les juristes classiques abandonner l'hostilité systématique adoptée jusque-là, reconnaître la légitimité de la science nouvelle et se déclarer prêts à tenir compte de ses conclusions. J'eus l'occasion [2] de faire remarquer que cet accord sur les conclusions pratiques, devenait plus facile encore si l'on reconnaissait, suivant la thèse soutenue dans mon rapport, qu'une saine application de la méthode positive devait faire une grande part aux idées de justice, dont l'école classique s'inspire avant tout.

Il ne fallait pas cependant que cette déclaration d'union et de concorde donnât lieu à un malentendu. L'école classique venait à la science pour se déclarer prête à accepter ses conclusions : la science n'allait pas vers l'école classique pour abandonner sa méthode positive et accepter quelque conclusion que ce fût qui ne résultât pas de l'observation et de l'expérimentation. La divergence fondamentale et essentielle quant à la méthode demeurait entière. Il était important que cela fut précisé. Cela fut, en effet, dit et redit : en particulier, le jour même, par M. van Hamel [3], avec cette parole vive et chaude qui sert si heureusement une intelligence de premier ordre ; puis, plus tard, par M. de Liszt qui vint nettement affirmer l'opposition des deux écoles, l'école clas-

[1] Séance du 9 août, soir.
[2] Séance du 9 août, matin.
[3] Séance du 9 août, soir.

sique et l'école positive. Et enfin M. le professeur Heger[1], dans le très remarquable discours où il résuma l'œuvre du Congrès, eut soin de constater que si l'on avait prôné la conciliation sur le terrain des applications, l'on entendait maintenir debout les barrières nécessaires et ne faire à l'école classique aucune concession de méthode.

Ces déclarations répétées, et j'en omets, ne peuvent laisser aucun doute. Lorsque les organisateurs du Congrès ont admis parmi les membres même du bureau les représentants de l'Université de Louvain, ils n'ont pas entendu renoncer en quoi que ce soit aux principes qui ont inspiré jusqu'ici le mouvement scientifique d'où sont sortis les trois congrès d'anthropologie criminelle. Le Congrès de Bruxelles a été courtois envers des adversaires qui ont fait un pas vers lui ; il a été heureux de constater que l'accord était possible sur le terrain de la pratique : mais il a conservé les positions conquises par les congrès précédents : il est resté fidèle à la tradition scientifique qu'ils avaient établie.

II.

Si cette conquête, due à Lombroso, de l'application de la méthode positive aux sciences pénales, est aujourd'hui définitive, il n'en est pas de même des autres résultats de ses travaux. Le courant scientifique qu'il a créé est sorti des limites trop étroites où il semblait vouloir le maintenir, et l'a quelque peu entraîné lui-même hors de ses premières positions. Il est nécessaire de préciser ici ces transformations.

On sait quel a été le point de départ des travaux de Lombroso. Il a étudié l'homme criminel au point de vue scientifique et en naturaliste : en suivant cette méthode il a cru pouvoir formuler deux conclusions tendant à affirmer l'existence et d'un criminel-né et d'un type criminel correspondant. Sur ces données se forma une école de droit pénal où, à côté de Lombroso, figurèrent surtout deux juristes éminents, Ferri et Garofalo. Dans ses doctrines premières

[1] Séance du 13 août, soir.

cette école subissait l'influence prépondérante de l'initiateur. C'était une école avant tout anthropologique : je veux dire par là une école dominée par la considération de l'individu criminel. Je ne crois pas, en effet, que l'anthropologie comprenne, comme on semble le croire parfois, l'étude des sociétés elles-mêmes, et qu'en s'occupant des facteurs sociaux de la criminalité on fasse encore de l'anthropologie criminelle. L'anthropologie est la science qui étudie l'espèce humaine en tant qu'espèce ; c'est l'histoire naturelle de l'homme ; l'étude des sociétés et des faits sociaux est l'objet de la sociologie à laquelle l'anthropologie fournit simplement ses données [1].

L'école italienne à ses débuts était avant tout anthropologique. Elle l'était, d'abord, parce que ses études portaient principalement sur l'anatomie et la physiologie des criminels : elle l'était, ensuite, dans ses conclusions ; la considération du criminel y était prépondérante à un double point de vue : d'une part, en ce que dans les facteurs de la criminalité on accordait la plus grande importance au facteur individuel, au facteur anthropologique ; d'autre part, en ce que dans la détermination de la pénalité on était surtout préoccupé de la défense sociale contre l'individu criminel.

Telle était l'école très justement dénommée école d'anthropologie criminelle. Je crois qu'il est permis d'affirmer, comme M. de Liszt et moi l'avons fait au Congrès de Bruxelles [2], que cette école

---

[1] J'entends le terme *d'anthropologie* comme l'ont entendu les fondateurs de la science de ce nom, Broca, de Quatrefages, Topinard : c'est l'histoire naturelle de l'espèce humaine, son étude au point de vue zoologique. Cela étant, il est inexact, à mes yeux, de parler, par exemple, d'une *anthropologie juridique*. Ce serait faire rentrer la *sociologie* dans *l'anthropologie :* or ce sont deux sciences distinctes. (En ce sens, Ferri, *Sociologia*, p. 53). — Je remarque, d'ailleurs, qu'étant donnés les sujets traités aux Congrès d'anthropologie criminelle, ces Congrès devraient porter la désignation de *Congrès de sociologie et d'anthropologie criminelles*. Ils étudient, en effet, le crime dans toutes ses causes et tous ses effets : or le crime est essentiellement un phénomène social dont l'étude ressort du domaine de la sociologie criminelle. C'est seulement en recherchant les caractères d'une variété humaine qui comprendrait les criminels qu'ils font de l'anthropologie criminelle.

[2] Séance du 11 août, matin.

aujourd'hui n'existe plus. — Outre que ses théories sur le criminel-né et le type criminel ont été bien vite renversées, on a fait voir qu'elle négligeait tout ensemble les facteurs sociaux de la criminalité et les éléments sociaux de la pénalité ; que, sans doute, elle appliquait la seule méthode positive, mais qu'elle faisait de cette méthode une application trop étroite.

Et c'était là une faute considérable. Si le mouvement scientifique parti d'Italie a eu quelque peine à se propager à l'étranger, s'il a notamment rencontré tant de résistances dans le monde des juristes, c'est précisément à raison de son caractère spécialement anthropologique, à raison de ses théories aventurées sur le criminel et de ses conclusions trop exclusives. Et c'est pour dissiper ces préventions, pour faire disparaître cette hostilité, qu'il importe de marquer la transformation profonde qui s'est produite dans ce mouvement scientifique, qu'il importe de faire voir qu'il n'y a plus aujourd'hui d'école purement anthropologique, qu'il n'y a plus qu'une *école positive*. Cette école a pour principe fondamental, elle aussi, l'application de la méthode positive : mais elle entend appliquer cette méthode à tous les faits qui concernent la criminalité, non seulement les faits anthropologiques, mais encore les faits sociaux. A côté du facteur individuel du crime elle place le facteur social ; à côté de l'élément individuel de la pénalité elle doit placer l'élément social : et les théories du type criminel et du criminel-né ne font plus partie de son credo. L'abandon d'affirmations aventurées, la part faite à l'élément social dans les sciences pénales, voilà ce qui caractérise, à vrai dire, cette transformation, cet élargissement de l'école anthropologique.

Je dis que ce n'est là qu'une transformation de l'école anthropologique. Il ne faudrait pas, en effet, vouloir créer une opposition radicale entre cette école positive dont je viens de donner une définition si largement compréhensive, et les maîtres de l'ancienne école. La transformation que je note, ce n'est pas seulement à l'étranger qu'elle s'est opérée, c'est en Italie même. L'on peut affirmer qu'il n'est plus exact aujourd'hui de dire que MM. Ferri, Garofalo, peut-être même Lombroso, constituent une école d'anthropologie criminelle.

Je ne veux relever, pour le démontrer, que deux petits faits, bien superficiels et cependant bien décisifs. C'est d'abord le titre donné à la Revue fondée par MM. Ferri, Garofalo, Fiorretti et Lombroso. Elle s'appelle « *La Scuola positiva* ». Ce n'est plus l'école anthropologique, mais l'école positive, D'un autre côté, lorsque M. Ferri a publié la 4ᵉ édition de ses *Nuovi Orizzonti*, il l'a intitulée *Sociologia criminale* et c'est là toute une déclaration de principes, que confirme le contenu du livre et notamment la part faite aux facteurs sociaux de la criminalité[1].

Assurément, il subsiste, entre certains partisans de l'ancienne école d'anthropologie criminelle et ceux qui n'ont jamais adopté son point de vue, des différences importantes : le côté anthropologique a toujours chez quelques-uns une part trop considérable ; tous n'ont pas renoncé au criminel-né ni même au type criminel. Ils forment encore, si l'on veut, un groupe à part dans l'école positive. Mais les différences apparaissent comme secondaires lorsqu'on constate qu'aujourd'hui l'accord est établi sur ce point capital qu'il faut faire leur place aux éléments sociaux de la criminalité et de la pénalité. Il me semble que cette conclusion se dégage nettement des débats du Congrès de Bruxelles.

J'ai dit plus haut déjà qu'ils avaient fait ressortir clairement cette constatation qu'une part légitime devait être faite d'un côté aux facteurs sociaux de la criminalité, alors surtout que le type criminel et le criminel-né ne pouvaient plus être considérés comme des principes démontrés, d'un autre côté aux éléments sociaux de la pénalité. On s'en convaincra si l'on examine les principaux rapports et les discussions auxquelles ils ont donné lieu.

Dans son rapport[2] sur « Les principes fondamentaux de l'École d'anthropologie criminelle » M. Drill (un publiciste éminent, dont les ouvrages ont en Russie une autorité considérable et qui a sacrifié sa chaire de droit criminel à ses convictions scientifiques et lombrosiennes) s'est proposé de déterminer sur quelles thèses fondamentales les partisans de l'école nouvelle, qu'il appelle indifféremment école anthropologique ou école positive, sont d'accord. Ces principes, d'après lui, sont essentiellement les suivants : Le

---

[1] M. Ferri constate lui-même cette transformation (*Sociologia*, p. 12, 13, 44, etc.).

[2] Rapports, p. 37. Séance du 9 août, matin.

droit pénal n'a d'autre base et d'autre but que la nécessité de protéger la société en amendant ou en éliminant le criminel. L'école nouvelle étudie le criminel à l'aide des méthodes scientifiques appliquées à l'étude de tous les phénomènes naturels. C'est à l'aide de ces méthodes qu'elle distingue deux facteurs du crime : le facteur individuel, c'est-à-dire la nature et l'organisation du criminel et le facteur extérieur, c'est-à-dire toutes les influences soit physiques, soit sociales, qui agissent sur l'individu. — L'école nouvelle considère encore le criminel comme une organisation peu apte à la lutte pour la vie dans le milieu social où elle se trouve placée, tout en reconnaissant que dans la plupart des cas ce défaut d'adaptation n'est pas absolu, mais dépend de conditions variées. Enfin, en partant de ces principes, l'école est conduite à repousser toute mesure répressive arrêtée d'avance dans sa durée et dans son caractère spécifique : il faut au contraire, dans chaque espèce, considérer avant tout les particularités individuelles de l'auteur du délit. La peine doit durer tant qu'existent les causes qui l'ont provoquée : elle ne doit cesser qu'avec celles-ci.

Ces principes sont, en effet, pour la plupart, ceux que professe l'école nouvelle. Et toutefois M. Drill a provoqué des observations que l'on saisira bien après les explications données plus haut. M. Drill considère comme une seule et même chose l'école d'anthropologie criminelle et l'école positive, et c'est pour avoir confondu ces deux écoles distinctes, dont l'une est déjà dans le passé dont l'autre au contraire peut revendiquer et le présent et l'avenir, c'est, dis-je, à cause de cette confusion qu'une double critique lui a été faite. D'une part, un de ses compatriotes, M. Jakrewsky, procureur général à Karkhow, le prenant directement à partie, s'est élevé contre les théories de l'école d'anthropologie criminelle relatives au criminel-né et au type criminel. M. Drill, dans son rapport, n'avait point affirmé ces théories : mais elles constituent incontestablement une caractéristique essentielle de l'école d'anthropologie criminelle dont M. Drill prétendait poser les principes. Et néanmoins, malgré la vivacité de son attaque, M. Jakrewsky s'est dit un partisan convaincu de la méthode positive, un adversaire de l'école classique[1]. J'ai fait remarquer, d'autre part, à

[1] Séance du 12 août, matin.

M. Drill qu'en confondant l'école positive et l'école anthropologique il était amené à une double inexactitude : d'après lui l'école
anthropologique accorde une égale valeur aux facteurs individuels
et aux facteurs extérieurs ; cela n'est pas exact : en particulier
l'importance des facteurs sociaux a été mise en relief surtout par
les adversaires de Lombroso et c'est l'école positive qui a su faire
aux différents facteurs de la criminalité, leur part légitime. —
D'un autre côté, lorsque M. Drill dit que la peine désormais ne
doit avoir pour objet que la défense 'de la société contre le criminel, il a raison s'il s'agit de l'école anthropologique qui se laisse
absorber par la considération de l'individu. Il a tort s'il s'agit de
l'école positive qui, elle, doit, comme je le montrerai, faire aux
éléments sociaux une part importante dans la détermination de la
pénalité.

La théorie du type criminel avait déjà succombé au Congrès de
Paris ; ses partisans ne s'étant pas déclarés vaincus, on est revenu
à la charge au Congrès de Bruxelles. MM. Warnots et Houzé [1]
ont montré toutes les erreurs de fait et de méthode où était tombé
M. Lombroso dans la confection de son type criminel anatomique.
Tout ce qu'ils concèdent, et sur ce point l'accord est unanime,
c'est que nombre de criminels sont des dégénérés et présentent dès
lors des stigmates de dégénérescence plus ou moins fréquents :
mais il n'y a là rien qui caractèrise un type anatomique. D'un autre
côté, M. Manouvrier [2] a fait voir à quelles difficultés de méthode
presque invincibles se heurtait l'étude comparative des criminels et des honnêtes gens d'où pourrait résulter la détermination
des signes de la criminalité. L'expérience l'a bien prouvé. On se
rappelle peut-être que le Congrès de Paris avait nommé une commission chargée de faire une série d'observations comparatives
entre cent criminels vivants et un nombre égal d'honnêtes gens
dont on connaîtrait parfaitement les antécédents et les familles.
Cette commission ne s'est pas réunie : l'eût-elle fait que sa

[1] *Existe-t-il un type criminel anatomiquement déterminé ?* — (Rapports
p. 121), Séances du 9 août, matin et soir.

[2] *Questions préalables dans l'étude comparative des criminels et des honnêtes gens*, (Rapports p. 171), Séance du 11 août, matin.

tâche eût été impossible. Ce n'est pas seulement que les procédés d'observation, les craniomètres, les esthésiomètres, les dynamomètres, eussent donné lieu aux discussions les plus compliquées et rendu bien difficile un accord sur le *modus agendi*. Mais c'est encore qu'il eût été à peu près impossible de trouver 100 personnes dont on connût parfaitement les antécédents et la famille et dont on pût affirmer que c'étaient d'honnêtes gens. Car enfin l'honnêteté ne peut se conclure de la seule absence de tout casier judiciaire, et d'autre part, est-on certain que l'individu honnête jusqu'ici le demeurera dans la suite?—La critique pénétrante de M. Manouvrier a montré le vice de tous ces travaux d'anatomie et de physiologie comparée d'où Lombroso et ses disciples ont tiré des conclusions si prématurées.

Le type criminel semble bien définitivement enterré. En est-il de même du criminel-né, c'est-à-dire de l'individu ainsi conformé qu'il sera poussé au crime en quelque milieu social qu'il se trouve placé? Il semble que cette question, comme celle des rapports du criminel-né avec le fou moral, n'ait pas été tranchée d'une manière décisive. Le rapport de M. Jelgersma[1], médecin aliéniste à Meeremberg, partait de l'existence du criminel-né, mais sans la démontrer : ses conclusions tendaient à considérer le criminel-né comme un malade ; entre ce malade et l'aliéné on ne peut pas établir de différence ; le criminel-né et le fou moral ne font qu'un. Mais il ne s'est présenté personne pour soutenir ces conclusions : bien au contraire, M. Masoin s'est attaché à démontrer toutes les différences qui séparent le criminel de l'aliéné : le criminel cherche une satisfaction personnelle, l'aliéné tue pour tuer, vole pour voler ; le criminel se dérobe après le crime, non pas l'aliéné qui a trouvé dans son acte un véritable soulagement ; le criminel a des complices, l'aliéné jamais. Et, de même, M. Garnier a contesté formellement l'existence du criminel-né en reconnaissant d'ailleurs que s'il y en avait un, ce serait un malade assurément. Dans ces conditions il est permis de reléguer l'existence du crimi-

---

[1] *Les caractères physiques, intellectuels et moraux reconnus chez le criminel-né sont d'origine pathologique.* (Rapports, p. 32). Séances du 9 août, matin et soir.

nel-né parmi les pures hypothèses. Seule l'école d'anthropologie a osé la considérer comme un principe démontré.

Quant à l'existence de malades, d'aliénés poussés invinciblement au crime, elle est incontestable. A cet égard les rapports de MM. Magnan et Ladame, sur lesquels je reviendrai plus loin, sont décisifs.

Les rapports et la discussion que je viens de mentionner conduisent à cette conclusion que le facteur individuel ne saurait être le facteur exclusif du crime. Cela ne veut pas dire que dans l'étiologie du crime une part très large ne doive être faite aux facteurs biologiques. M. Dallemagne [1], qui a cherché à classer les facteurs du crime, a bien montré, en effet, que les facteurs sociaux, pour produire leur effet et amener le crime, agissent précisément sur les facteurs biologiques. Il est incontestable, en effet, que les causes sociales ne provoquent le crime qu'en passant par l'intermédiaire de l'individu, cause directe et immédiate. — Mais, pour n'être que des causes médiates du crime, les causes sociales en sont-elles moins graves? Les communications si importantes de M. Denis, sur *Les rapports entre la criminalité et la crise économique* et de M. Tarde sur *Les crimes des foules* [2] prouvent bien le contraire [3].

Le rapport de M. Tarde abordait un sujet presque inexploré, bien fait pour tenter un esprit à qui la science doit déjà tant d'aperçus nouveaux. M. Tarde a montré qu'il était inexact de voir dans la criminalité des foules, dans la criminalité collective, un simple total de criminalités individuelles : en réalité les masses agissent sous l'action d'entraînements, de forces d'impulsion qui ne surgissent que par l'effet de la réunion des individus. La foule n'agit que sous l'influence de meneurs : mais l'action de ces meneurs n'est possible que si au préalable cette foule possède une foi commune, une passion commune, un but commun, créés par une contagion lente d'esprit à esprit, une imitation tranquille et silencieuse, et dont la nature différente caractérise les diverses sortes

[1] *Etiologie fonctionnelle du crime.* (Rapports, p. 140). Séance du 8 août, matin.

[2] Rapports, p. 73.

[3] Séance du 11 août, soir.

de foules. Dans ces agissements, d'ailleurs, cette foule se montrera inférieure non seulement au niveau moral de la société civilisée au sein de laquelle elle se forme, mais encore à celui de l'individu isolé qui en fait partie. Elle subit, d'une manière presque passive, l'influence de quelques meneurs : l'individualité des menés s'affaiblit, s'anéantit d'autant plus que l'organisation de la foule se fortifie davantage. Ils subissent une action entraînante, qui va jusqu'à dénaturer leur caractère, une action qu'on peut comparer à l'influence de la suggestion hypnotique bien qu'elle produise des effets infiniment supérieurs. De ces constatations M. Tarde conclut à la distinction entre la responsabilité des meneurs et celle des menés, la première étant de beaucoup la plus grave.

Je n'insiste pas sur la discussion qui a suivi ce rapport rempli de vues ingénieuses. M. Jakrewski et M. de Dexterew ont contesté la possibilité de distinguer les meneurs et les menés en invoquant les troubles survenus en Russie à l'occasion du choléra. M. Garnier, au contraire, considère la distinction comme très fondée en faisant remarquer que les meneurs sont très souvent des alcooliques et des aliénés. Ce qui ressort de là, c'est qu'il y a dans l'action incontestable des foules sur les individus même qui la composent un facteur de la criminalité qui est essentiellement un facteur social.

L'influence des facteurs sociaux, et spécialement des facteurs économiques, ressort non moins nettement de la communication de M. Denis. En s'appuyant sur l'étude d'une série d'années, M. Denis a montré par des chiffres et des diagrammes nombreux la relation étroite qui existe entre l'état économique et la criminalité, ou tout au moins certaines formes de la criminalité comme les délits contre la propriété, le vagabondage et la mendicité. M. Denis estime que plus le mouvement de la richesse sera régulier et constant, moins le crime sera fréquent, et que toute crise économique a pour conséquence nécessaire l'augmentation de la criminalité.

A ce sujet le Congrès a émis le vœu *que la statistique des faits relatifs à la criminalité fût mise en rapport avec les fluctuations des faits économiques.*

Ce n'est pas seulement dans la détermination des facteurs de la criminalité qu'il importe de faire leur part aux éléments sociaux : c'est encore dans la fixation de la pénalité. L'école anthropologique, elle, tout absorbée par la considération du criminel, ne s'est guère occupée que de mesures de défense à prendre à son égard. Le problème est plus complexe, et c'est ce que je me suis proposé d'établir dans mon rapport [1]. On se fait, à mon sens, une idée trop étroite de la pénalité en l'envisageant uniquement soit comme une punition, soit comme un moyen de défense sociale; une notion plus large et plus exacte me paraît résulter des considérations suivantes.

Le crime provoque au sein de la société toute une série de réactions. Les unes sont utilitaires : elles consistent dans la perception de certaines nécessités qui poussent la société à prendre, à l'encontre du délinquant, des mesures de protection, de préservation, de réparation. La société met le criminel dans l'impossibilité de nuire et cherche tout ensemble, dans ce but même, à le corriger : elle lui inflige un certain mal, pour intimider ceux qui seraient tentés de l'imiter; elle organise des voies de droit pour contraindre le délinquant à réparer le préjudice par lui causé. A côté de ces réactions il en est d'autres de nature morale. Le délit surexcite certains sentiments qui cherchent leur satisfaction : c'est le sentiment de vengeance de la part de la victime et de tous ceux qui sympathisent avec elle, ce qui comprend parfois la société entière; c'est le sentiment d'horreur et d'effroi que l'on éprouve pour le criminel; c'est, à l'inverse, le sentiment de pitié que soulève le délinquant durement puni; c'est enfin le sentiment de justice, c'est-à-dire ce sentiment qui exige une certaine proportion entre le mal fait et le mal subi.

Si toutes ces réactions se produisent, il importe d'en tenir compte dans les mesures applicables au délinquant, si l'on ne veut pas fausser la fonction du droit pénal, si l'on veut que cette fonction trouve au sein de la société le concours de tous en répondant aux besoins et aux sentiments de tous. On peut donc définir la pénalité : *l'ensemble des mesures diverses applicables au délinquant par lesquelles les réactions sociales provo-*

---

[1] *De l'importance respective des éléments sociaux et des éléments anthropologiques dans la détermination de la pénalité.* (Rapports, p. 68). Séance du 11 août, matin.

quées par le délit se manifestent à son encontre. — Il suffit d'ailleurs de se reporter à l'énumération que je viens de faire pour constater que les éléments sociaux qui doivent contribuer à fixer la pénalité occupent une place importante à côté des éléments anthropologiques. Ceux-ci n'interviennent d'une manière prépondérante que lorsqu'il s'agit de déterminer les moyens de mettre le criminel dans l'impossibilité de nuire et de l'amender, s'il y a lieu. Ce sont au contraire des considérations sociales qui seront décisives aux autres points de vue. C'est ainsi qu'un élément essentiel de la pénalité est, à mes yeux, l'élément d'intimidation : non point, il est vrai, à l'encontre du criminel, mais à l'encontre de tous ceux qui seraient tentés de l'imiter et que la perspective de la peine maintient dans la bonne voie. Or, d'après quoi se guidera-t-on pour fixer cet élément? d'après l'intérêt plus ou moins grand de la société à prévenir tel délit plutôt que tel autre, d'après les probabilités plus ou moins grandes que l'imitation produise ses effets, d'après la répulsion que provoque, dans l'état présent de la société, telle ou telle peine. Mais ne sont-ce pas là des considérations essentiellement sociales?

Ces vues n'ont pas rencontré, ce me semble, d'objection sérieuse. M. van Hamel a demandé, il est vrai, que l'on s'efforçât de modifier ces sentiments sociaux de la vengeance, de l'horreur, de l'effroi etc. Il avait cent fois raison. Seulement, tant qu'ils existeront, il faudra en tenir compte parce qu'ils se satisfont eux-mêmes lorsque la législation ne les satisfait pas. M. Prins a contesté que l'on pût déterminer *a priori* le montant du mal à infliger à titre d'intimidation : il a fait remarquer que toutes les tendances du droit pénal moderne sont dans le sens de l'individualisation de la peine. Mais il oubliait que si la peine doit être intimidante, c'est à l'égard de la masse beaucoup plus qu'à l'égard du délinquant. En ce qui concerne ce dernier on ne peut rien fixer *a priori* : au contraire, dans l'influence qu'on se propose d'exercer sur les imitateurs possibles on ne peut que déterminer la peine *in abstracto.*

Que résulte-t-il de tout ceci, sinon, comme je l'ai dit, que l'école anthropologique n'a plus droit à l'existence et que deux écoles seulement restent en présence, l'école positive et l'école classique?

Entre ces deux écoles il n'y a pas place pour une troisième. En Italie, cependant, il s'est formé un groupe de juristes, à la tête desquels on trouve MM. Carnevale et Alimena, qui se sont présentés comme formant *una terza scuola* [1]. Qu'est cette nouvelle école qui par la valeur de ses représentants mérite l'attention? C'est ce que M. Tarde [2] s'est attaché à définir. Il a montré que cette école est avant tout une école scientifique en ce qu'elle entend puiser ses principes dans l'application de la méthode expérimentale; qu'elle est antilombrosienne, en ce qu'elle repousse le criminel-né avec le type criminel et considère le milieu social comme un facteur considérable du crime; et qu'enfin elle est déterministe.

Ces principes font-ils une place à part aux savants italiens dans le mouvement scientifique actuel? Nullement : si on laisse de côté la question du déterminisme, ces principes sont ceux-là même qui inspirent tous les criminalistes non classiques, toute l'école positive; en réalité la *Terza Scuola* n'est qu'un groupe au sein de cette école.

III.

J'ai essayé de dégager, dans ce qui précède, les idées générales qui ont inspiré ce Congrès. Il faut maintenant, pour achever de caractériser son œuvre et les tendances nouvelles du droit pénal, montrer à quelles conséquences pratiques arrivent ces théories.

Trois questions ont été plus particulièrement traitées devant le Congrès [3].

---

[1] L'attention des membres du Congrès avait été, d'autre part, appelée sur cette école par la distribution d'une intéressante étude que lui consacre M. le docteur Rosenfeld dans le *Bulletin de l'Union internationale de droit pénal.*—Les deux professions de foi les plus remarquables de cette école sont deux brochures, l'une de M. Carnevale « *Una terza scuola di diritto penale* (Roma, 1891); l'autre de M. Alimena « *Naturalismo critico e diritto penale* » (Roma, 1892).

[2] Séance du 11 août, matin.

[3] Il faut mentionner, en outre, un substantiel rapport de M. de Liszt : *Aperçu des applications de l'anthropologie criminelle.* (Rapports, p. 91).

C'est d'abord la nécessité de soumettre à un examen psycho-moral les délinquants, pendant l'instruction ; c'est ensuite la con-stitution de prisons-asiles ; ç'est enfin l'examen des mesures appli-cables aux incorrigibles.

En soutenant la nécessité d'un examen psycho-moral des délin-quants, en réclamant la création de prisons-asiles, on part de cette constatation certaine que beaucoup de délinquants sont de véritables aliénés, abstraction faite, d'ailleurs, de la catégorie hy-pothétique des fous moraux.

C'est donc ici le lieu de noter que l'attention du Congrès a été attirée d'une façon particulière sur une classe spéciale de ces ma-lades, les obsédés morbides, par les rapports de MM. Magnan et Ladame [1]. M. Magnan [2] a défini les caractères généraux et les principales variétés de l'obsession morbide avec cette précision scientifique qu'on retrouve dans tous les travaux de l'illustre alié-niste. L'obsession morbide se caractérise de la manière suivante. Le malade ne cède pas de suite à son idée : il lutte, au contraire, et lutte longtemps. Ce combat intérieur s'accompagne d'une an-goisse extrêmement douloureuse qui finit par devenir insoutena-ble. C'est alors que se produit la décharge psycho-motrice : le malade cède à son obsession et son acte s'accompagne d'un pro-fond soulagement. Résistance à l'obsession, angoisse douloureuse pendant la lutte, soulagement après l'acte, voilà les signes distinc-tifs de l'obsession morbide. Ajoutez que les malades sont toujours des dégénérés et le plus souvent des dégénérés héréditaires. — Quant aux variétés de cette forme d'aliénation mentale, il en existe plusieurs, M. Magnan a donné des exemples nombreux des princi-pales : l'obsession homicide, l'obsession du vol ou kleptomanie, l'obsession du feu ou pyromanie, l'obsession sexuelle. C'est à la première de ces formes, à l'obsession homicide, que s'est particu-lièrement attaché M. le docteur Ladame dans un rapport très étu-dié et d'un grand intérêt [3] ; d'accord avec M. Magnan sur les caractères généraux de l'obsession, il a mis en lumière les varia-tions que l'on peut relever à ce sujet dans l'histoire de la médecine

---

[1] Séance du 8 août, matin.

[2] *L'obsession criminelle morbide.* (Rapports, p. 153).

[3] *L'obsession du meurtre.* (Rapports, p. 41).

mentale, et a recherché, d'autre part, les causes de l'obsession homicide. Parmi celles-ci, il place en premier lieu une cause prédisposante : la dégénérescence mentale, presque toujours héréditaire, mais parfois acquise, par exemple à la suite d'une maladie prolongée ; à côté de ces prédispositions il existe des causes occasionnelles ; M. Ladame a montré comment les récits détaillés des grands crimes où se complait aujourd'hui la presse, comment les exécutions publiques pouvaient provoquer non seulement des cas isolés d'obsession, mais encore de véritables épidémies.

Si l'existence de l'obsession est incontestable, est-elle fréquente? et, en particulier, se trouve-t-il dans les prisons beaucoup d'obsédés? L'on a été presque unanimement d'accord pour estimer qu'il est nombre de criminels dont l'acte ou les actes répétés ne peuvent s'expliquer précisément que par l'influence d'une obsession; ils sont ce que M. Benedikt a pittoresquement appelé des *récidivistes honnêtes*. — Il semble, toutefois, que les obsédés rencontrés dans les prisons appartiennent à une autre variété que celle décrite par M. Magnan. M. Garnier a en effet distingué deux variétés d'obsédés. La variété temporaire est celle qui lutte et lutte longtemps avant de céder à l'obsession : c'est celle-là que M. Magnan a spécialement étudiée : elle est relativement rare. L'autre variété, plus dangereuse, infiniment plus fréquente, se caractérise par l'absence de temporisation : c'est subitement et d'un coup que l'individu est saisi par l'idée du crime et qu'il y cède sans pouvoir ensuite donner de motif raisonnable de son acte. Il n'y a pas là, d'ailleurs, d'épilepsie, car l'épilepsie s'accompagne d'inconscience et de perte de mémoire : ce n'est point le cas de tous ces obsédés. C'est dans cette variété que rentrent tous ces détenus si nombreux qui ne peuvent donner d'explication raisonnable de leurs délits.

Quoi qu'il en soit des obsédés, il est certain tout au moins que les autres formes d'aliénation mentale, et notamment la paralysie générale, comptent de nombreux représentants dans les prisons. A cet égard M. Garnier a rappelé dans son remarquable rapport [1],

---

[1] *De la nécessité de considérer l'examen psycho-moral de certains prévenus ou accusés comme un devoir de l'instruction.* (Rapports, p. 163). Séance du 12 août, matin.

une statistique qu'il a dressée avec M. Magnan. Il en résulte que dans la période quinquennale de 1886 à 1890 le nombre d'individus renvoyés des prisons de la Seine à l'infirmerie du dépôt pour examen mental, mais après condamnation intervenue, s'est monté à 225. Ces individus étaient incontestablement déjà malades au moment de leur condamnation, puisque c'est au bout de quelques jours à peine qu'ils étaient renvoyés à l'infirmerie. D'où M. Garnier conclut avec raison que l'examen médical de tous les prévenus doit être une règle de l'instruction. Le juge d'instruction n'a pas, en effet, la compétence nécessaire pour discerner quels prévenus doivent être spécialement soumis à un pareil examen : il faut que la visite médicale porte sans distinction sur tous les individus en prévention. Il est facile au médecin de déterminer à une première et rapide inspection les individus qui devront faire l'objet d'un examen plus attentif[1].

La question des *prisons-asiles*, ou *asiles spéciaux*[2], se rattache étroitement à la précédente.

Si les criminels atteints d'aliénation mentale sont nombreux, que faut-il en faire? C'est ce qu'examine le rapport de MM. de Bœck et Otlet. Ses conclusions tendent à la création d'asiles spéciaux où seraient enfermés les aliénés appartenant aux catégories suivantes :

1° Tous ceux qui, soit dans un asile d'aliénés, soit en dehors d'un asile, étant en état de trouble mental et ayant des mœurs dépravées ou des habitudes perverses, ont commis ou tenté de commettre un délit;

2° Tous les condamnés qui, au cours de leur détention, seront atteints de troubles mentaux ;

3° Tous les prévenus dont l'infraction est matériellement établie, mais que l'expertise médicale reconnaît en état de trouble mental.

Que la place de ces aliénés ne soit pas dans les prisons, cela est

---

[1] Il est à noter qu'en Belgique la justice militaire a appliqué déjà cette idée et vérifie soigneusement l'état mental des soldats délinquants. Un médecin militaire, M. Hermant, a donné à ce sujet d'intéressants détails.

[2] *Les prisons-asiles et les réformes pénales qu'elles entraînent.* (Rapports p. 127). Séance du 12 août, soir.

de toute évidence : ce sont là des malades et non pas des délinquants ordinaires. Que, d'un autre côté, il y ait de graves inconvénients à les maintenir dans les asiles ordinaires, fût-ce dans un
quartier spécial, c'est ce que l'expérience a démontré. La présence
de pareils aliénés est une cause de trouble général, car ce sont
des indisciplinés au premier chef; elle inflige aux autres malades
une impression infiniment pénible, faite de réprobation et de véritable répulsion; enfin les mesures de précaution qu'elle nécessite
ne sont pas compatibles avec le régime général d'un établissement
d'aliénés qui est avant tout un régime de liberté.

Ces conclusions ont rencontré l'adhésion générale, quelque
.divergences qui aient pu se manifester sur des points secondaires
comme, par exemple, le règlement.à appliquer dans ces asiles spéciaux. Le Congrès a émis un vœu en faveur de la création de pareils asiles [1].

Trois rapports, de MM. van Hamel, Thiry et Maus, ont traité des
mesures applicables aux incorrigibles [2].

Les rapporteurs se sont trouvés d'accord pour préconiser l'introduction dans la législation d'un principe nouveau, celui de la
détention de durée indéterminée et, au besoin, indéfinie en ce
qui concerne les incorrigibles. Ils ont mis en relief l'absurdité du
régime actuel, qui consiste à enfermer temporairement un délinquant récidiviste et à le rendre ensuite à la circulation, bien qu'il
ne soit en aucune façon corrigé et qu'il doive recommencer immédiatement la série de ses exploits. Une pareille faute ne
, peut être commise que par l'école classique qui mesure la gravité de
la peine à l'importance du délit. Elle doit être répudiée par
l'école positive qui tient compte de toutes les nécessités de la défense sociale. Maintenant, à quel criterium reconnaîtra-t-on le délinquant qui devra être soumis à la détention indéfinie, à quelles
autorités confiera-t-on le soin de statuer sur la mise en liberté, ce
sont là questions secondaires sur lesquelles des divergences se
sont produites. L'important est·d'ailleurs que le principe soit re-

[1] Pareille création est prévue dans le projet de loi déposé par l'éminent
ministre de la justice belge, M. Le Jeune, le 15 avril 1890 et dans celui déposé par M. Nicotera, en Italie, le 1ᵉʳ octobre 1891.

[2] (Rapports, p. 56, 14 et 185). Séance du 12 août, matin.

connu en lui-même : il ne s'est trouvé personne au Congrès pour le contester.

Telle est, dans ses traits essentiels, l'œuvre du Congrès de Bruxelles [1], œuvre de consolidation plutôt qu'œuvre de progrès. Mais, si aucun fait vraiment nouveau n'y a été produit, si aucune innovation n'y a trouvé sa première consécration, il n'en marque pas moins une étape importante dans le mouvement scientifique contemporain. Il a permis à l'école nouvelle de se rendre compte de ses forces, d'assurer ses conquêtes, de déterminer la voie qu'elle veut suivre; il a préparé ainsi les progrès futurs et cela suffit pour qu'on reconnaisse sa haute valeur [2].

---

[1] Outre les vœux déjà mentionnés, les suivants ont été émis :

1° que des cours d'anthropologie criminelle soient créés dans les universités et rendus obligatoires pour les étudiants en médecine et en droit;

2° Que l'on adopte et généralise dans tous les pays le système des *signalements anthropométriques*, non seulement pour l'identification des récidivistes, mais aussi dans le but de permettre la constatation certaine et rapide de l'identité personnelle;

3° Que les colonies d'éducation correctionnelle prennent le titre d'asiles ou d'écoles à l'exemple de la Belgique;

4° Que l'on institue dans tous les pays un service d'inspection mentale des détenus comme cela existe en Belgique;

5° Que l'on complète la feuille de renseignements jointe actuellement aux dossiers criminels et correctionnels par une feuille de renseignements relatifs à la personnalité physiologique, psychologique et morale du prévenu, afin de permettre aux magistrats et aux avocats de juger de l'opportunité d'une expertise médicale.

[2] Le quatrième Congrès d'anthropologie criminelle se tiendra à Genève en 1896.

Paris. — Imp. F. Pichon, 282, rue Saint-Jacques, et 24, rue Soufflot.

www.ingramcontent.com/pod-product-compliance
Ingram Content Group UK Ltd.
Pitfield, Milton Keynes, MK11 3LW, UK
UKHW020142080726
13614UKWH00005B/2367